«МАЛЫШ»

К·ЧУКОВСКИЙ

СКАЗКИ В СТИХАХ

«МАЛЫШ»

Художники

С. Бордюг и Н. Трепенок

МУХА-ЦОКОТУХА

Муха, Муха-Цокотуха,
Позолоченное брюхо!

Муха по́ полю пошла,
Муха денежку нашла.

Пошла Муха на базар
И купила самовар:

«Приходите, тараканы,
Я вас чаем угощу!»

Тараканы прибегали,
Все стаканы выпивали,

А букашки —
По́ три чашки
С молоком
И крендельком:
Нынче Муха-Цокотуха
        Именинница!

Приходили к Мухе блошки,
Приносили ей сапожки,

А сапожки не простые —
В них застёжки золотые.

Приходила к Мухе
Бабушка-пчела.
Мухе-Цокотухе
Мёду принесла...

«Бабочка-красавица,
Кушайте варенье!
Или вам не нравится
Наше угощенье?»

Вдруг какой-то старичок
                Паучок
Нашу Муху в уголок
                Поволок —
Хочет бедную убить,
Цокотуху погубить!

«Дорогие гости, помогите!
Паука-злодея зарубите!
    И кормила я вас,
    И поила я вас,
Не покиньте меня
В мой последний час!»

Но жуки-червяки
    Испугалися,
По углам, по щелям
    Разбежалися:
    Тараканы
    Под диваны,

9

А козявочки
Под лавочки,
А букашки под кровать —
Не желают воевать!
И никто даже с места
Не сдвинется:
Пропадай-погибай
Именинница!

А кузнечик, а кузнечик,
Ну, совсем как человечек,
Скок, скок, скок, скок!
За кусток,
Под мосток
И молчок!

А злодей-то не шутит,
Руки-ноги он Мухе
                верёвками крутит,
Зубы острые в самое
                сердце вонзает
И кровь у неё выпивает.

Муха криком кричит,
        Надрывается,
А злодей молчит,
        Ухмыляется.

Вдруг откуда-то летит
Маленький Комарик,
И в руке его горит
Маленький фонарик.

«Где убийца? Где злодей?
Не боюсь его когтей!»

Подлетает к Пауку,
Саблю вынимает
И ему на всём скаку
Голову срубает!

Муху за́ руку берёт
И к окошечку ведёт:
«Я злодея зарубил,
Я тебя освободил
И теперь, душа-девица,
На тебе хочу жениться!»

12

Тут букашки и козявки
Выползают из-под лавки:
«Слава, слава Комару —
    Победителю!»

Прибегали светляки,
Зажигали огоньки —
То-то стало весело,
То-то хорошо!

Эй, сороконожки,
Бегите по дорожке,
Зовите музыкантов,
Будем танцевать!

Музыканты прибежали,
В барабаны застучали.
Бом! бом! бом! бом!
Пляшет Муха с Комаром.

А за нею Клоп, Клоп
Сапогами топ, топ!

Козявочки с червяками,
Букашечки с мотыльками.
А жуки рогатые,
Мужики богатые,
Шапочками машут,
С бабочками пляшут.

Тара-ра, тара-ра,
Заплясала мошкара.

Веселится народ —
Муха замуж идёт
За лихого, удалого,
Молодого Комара!

Муравей, Муравей!
Не жалеет лаптей, —
С Муравьихою попрыгивает
И букашечкам подмигивает:

«Вы букашечки,
Вы милашечки,
Тара-тара-тара-тара-таракашечки!»

Сапоги скрипят,
Каблуки стучат, —
Будет, будет мошкара
Веселиться до утра:
Нынче Муха-Цокотуха
          Именинница!

ТАРАКАНИЩЕ

Часть первая

Ехали медведи
На велосипеде.

А за ними кот
Задом наперёд.

А за ним комарики
На воздушном шарике.

А за ними раки
На хромой собаке.

Волки на кобыле.
Львы в автомобиле.

Зайчики
В трамвайчике.

Жаба на метле...

Едут и смеются,
Пряники жуют.

Вдруг из подворотни
Страшный великан,
Рыжий и усатый
Та-ра-кан!
Таракан, Таракан, Тараканище!

Он рычит, и кричит,
И усами шевелит:
«Погодите, не спешите,
Я вас мигом проглочу!
Проглочу, проглочу, не помилую».

Звери задрожали,
В обморок упали.

Волки от испуга
Скушали друг друга.

Бедный крокодил
Жабу проглотил.

А слониха, вся дрожа,
Так и села на ежа.

Только раки-забияки
Не боятся бою-драки;
Хоть и пятятся назад,
Но усами шевелят
И кричат великану усатому:

«Не кричи и не рычи,
Мы и сами усачи,
Можем мы и сами
Шевелить усами!»
И назад ещё дальше попятились.

И сказал Гиппопотам
Крокодилам и китам:

«Кто злодея не боится
И с чудовищем сразится,
Я тому богатырю
Двух лягушек подарю
И еловую шишку пожалую!»

«Не боимся мы его,
Великана твоего:
Мы зубами,
Мы клыками,
Мы копытами его!»

И весёлою гурьбой
Звери кинулися в бой.

Но, увидев усача
    (Ай-ай-ай!),
Звери дали стрекача
    (Ай-ай-ай!).

По лесам, по полям разбежалися:
Тараканьих усов испугалися.

И вскричал Гиппопотам:
«Что за стыд, что за срам!
Эй, быки и носороги,
Выходите из берлоги
    И врага
    На рога
Поднимите-ка!»

Но быки и носороги
Отвечают из берлоги:
    «Мы врага бы
    На рога бы,
    Только шкура дорога,
И рога нынче тоже не дёшевы».

И сидят и дрожат под кусточками,
За болотными прячутся кочками.

Крокодилы в крапиву забилися,
И в канаве слоны схоронилися.

Только и слышно, как зубы стучат,
Только и видно, как уши дрожат.

    А лихие обезьяны
    Подхватили чемоданы
    И скорее со всех ног
        Наутёк.

    И акула
    Увильнула,
Только хвостиком махнула.

А за нею каракатица —
        Так и пятится,
        Так и катится.

Часть вторая

Вот и стал Таракан победителем,
И лесов и полей повелителем.
Покорилися звери усатому
(Чтоб ему провалиться, проклятому!).
А он между ними похаживает,
Золочёное брюхо поглаживает:
«Принесите-ка мне, звери, ваших детушек,
Я сегодня их за ужином скушаю!»

Бедные, бедные звери!
Воют, рыдают, ревут!
В каждой берлоге
И в каждой пещере
Злого обжору клянут.

Да и какая же мать
Согласится отдать
Своего дорогого ребёнка —
Медвежонка, волчонка, слонёнка, —
Чтобы несытое чучело
Бедную крошку замучило!

Плачут они, убиваются,
С малышами навеки прощаются.

Но однажды поутру
Прискакала кенгуру,
Увидала усача,
Закричала сгоряча:
«Разве это великан?
    (Ха-ха-ха!)
Это просто таракан!
    (Ха-ха-ха!)
Таракан, таракан, таракашечка,
Жидконогая козявочка-букашечка.
    И не стыдно вам?
    Не обидно вам?
    Вы — зубастые,
    Вы — клыкастые,
    А малявочке
        Поклонилися,
    А козявочке
        Покорилися!»

Испугались бегемоты,
Зашептали: «Что ты, что ты!
Уходи-ка ты отсюда!
Как бы не было нам худа!»

Только вдруг из-за кусточка,
Из-за синего лесочка,
Из далёких из полей
Прилетает Воробей.
Прыг да прыг
Да чик-чирик,
Чики-рики-чик-чирик!

Взял и клюнул Таракана —
Вот и нету великана.
 Поделом великану досталося,
 И усов от него не осталося.

То-то рада, то-то рада
 Вся звериная семья,
Прославляют, поздравляют
 Удалого Воробья!

Ослы ему славу по нотам поют,
Козлы бородою дорогу метут,
    Бараны, бараны
    Стучат в барабаны!
    Сычи-трубачи
        Трубят!
    Грачи с каланчи
        Кричат!
    Летучие мыши
        На крыше
    Платочками машут
        И пляшут.

А слониха-щеголиха
Так отплясывает лихо,
Что румяная луна
В небе задрожала
И на бедного слона
Кубарем упала.

Вот была потом забота —
За луной нырять в болото
И гвоздями к небесам приколачивать!

МОЙДОДЫР

Одеяло
Убежало,
Улетела простыня,
И подушка,
Как лягушка,
Ускакала от меня.

Я за свечку,
Свечка — в печку!
Я за книжку,
Та — бежать
И вприпрыжку
Под кровать!

Я хочу напиться чаю,
К самовару подбегаю,
Но пузатый от меня
Убежал, как от огня.

Боже, Боже,
Что случилось?
Отчего же
Всё кругом
Завертелось,
Закружилось
И помчалось колесом?

Утюги
     за
          сапогами,
Сапоги
     за
          пирогами,
Пироги
     за
          утюгами,
Кочерга
     за
          кушаком —
Всё вертится,
И кружится,
И несётся кувырком.

Вдруг из маминой из спальни,
Кривоногий и хромой,
Выбегает умывальник
И качает головой:

«Ах ты, гадкий, ах ты, грязный,
    Неумытый поросёнок!
Ты чернее трубочиста,
    Полюбуйся на себя:
У тебя на шее вакса,
    У тебя под носом клякса,
У тебя такие руки,
    Что сбежали даже брюки,
Даже брюки, даже брюки
    Убежали от тебя.

Рано утром на рассвете
    Умываются мышата,
И котята, и утята,
    И жучки, и паучки.

Ты один не умывался
    И грязнулею остался,
И сбежали от грязнули
    И чулки, и башмаки.

Я — Великий Умывальник,
Знаменитый Мойдодыр,
Умывальников Начальник
И мочалок Командир!

Если топну я ногою,
Позову моих солдат,
В эту комнату толпою
Умывальники влетят,
И залают, и завоют,
И ногами застучат,

И тебе головомойку,
Неумытому, дадут —
Прямо в Мойку,
Прямо в Мойку
С головою окунут!»

Он ударил в медный таз
И вскричал: «Кара-барас!»

И сейчас же щётки, щётки
Затрещали, как трещотки,
И давай меня тереть,
Приговаривать:

«Моем, моем трубочиста
Чисто, чисто, чисто, чисто!
Будет, будет трубочист
Чист, чист, чист, чист!»

Тут и мыло подскочило
И вцепилось в волоса,
И юлило, и мыли́ло,
И кусало, как оса.

А от бешеной мочалки
Я помчался, как от палки,
А она за мной, за мной
По Садовой, по Сенной.

Я к Таврическому саду,
Перепрыгнул чрез ограду,
А она за мною мчится
И кусает, как волчица.

Вдруг навстречу мой хороший,
Мой любимый Крокодил.
Он с Тотошей и Кокошей
По аллее проходил
И мочалку, словно галку,
Словно галку, проглотил.

А потом как зарычит
    На меня,
Как ногами застучит
    На меня:
«Уходи-ка ты домой,
    Говорит,
Да лицо своё умой,
    Говорит,
А не то как налечу,
    Говорит,
Растопчу и проглочу! —
    Говорит».

Как пустился я по улице бежать,
Прибежал я к умывальнику опять,
    Мылом, мылом,
    Мылом, мылом
Умывался без конца.
    Смыл и ваксу,
    И чернила
С неумытого лица.

И сейчас же брюки, брюки
Так и прыгнули мне в руки.

А за ними пирожок:
«Ну-ка, съешь меня, дружок!»

А за ним и бутерброд:
Подскочил — и прямо в рот!

Вот и книжка воротилась,
Воротилася тетрадь,
И грамматика пустилась
С арифметикой плясать.

Тут великий Умывальник,
Знаменитый Мойдодыр,
Умывальников Начальник
И мочалок Командир,
Подбежал ко мне, танцуя,
И, целуя, говорил:

«Вот теперь тебя люблю я,
Вот теперь тебя хвалю я!
Наконец-то ты, грязнуля,
Мойдодыру угодил!»

Надо, надо умываться
По утрам и вечерам,

А нечистым
Трубочистам —
Стыд и срам!
Стыд и срам!

Да здравствует мыло душистое,
И полотенце пушистое,
И зубной порошок,
И густой гребешок!

Давайте же мыться, плескаться,
Купаться, нырять, кувыркаться
В ушате, в корыте, в лохани,
В реке, в ручейке, в океане,
   И в ванне, и в бане,
   Всегда и везде —
   Вечная слава воде!

ЧУДО-ДЕРЕВО

ЧУДО-ДЕРЕВО

Как у наших у ворот
Чудо-дерево растёт.

Чудо, чудо, чудо, чудо
   Расчудесное!

Не листочки на нём,
Не цветочки на нём,
А чулки да башмаки,
   Словно яблоки!

Мама по́ саду пойдёт,
Мама с дерева сорвёт
Туфельки, сапожки,
   Новые калошки.

Папа по́ саду пойдёт,
Папа с дерева сорвёт
   Маше — гамаши,
   Зинке — ботинки,
   Нинке — чулки,

А для Мурочки такие
Крохотные голубые
Вязаные башмачки
      И с помпончиками!
Вот какое дерево,
Чудесное дерево!

Эй вы, ребятки,
Голые пятки,
Рваные сапожки,
Драные калошки,
Кому нужны сапоги,
К чудо-дереву беги!

Лапти созрели,
Валенки поспели,
Что же вы зеваете,
Их не обрываете?

Рвите их, убогие!
Рвите, босоногие!
Не придётся вам опять
По морозу щеголять
Дырками-заплатками,
Голенькими пятками!

ЧТО СДЕЛАЛА МУРА, КОГДА ЕЙ ПРОЧЛИ СКАЗКУ «ЧУДО-ДЕРЕВО»

Мура туфельку снимала,
В огороде закопала:
— Расти, туфелька моя,
Расти, маленькая!
Уж как туфельку мою
Я водичкою полью,
И вырастет дерево,
Чудесное дерево!

Будут, будут босоножки
К чудо-дереву скакать
И румяные сапожки
С чудо-дерева срывать,
  Приговаривать:
    «Ай да Мурочка,
    Ай да умница!»

АЙБОЛИТ

1

Добрый доктор Айболит!
Он под деревом сидит.
Приходи к нему лечиться
И корова, и волчица,
И жучок, и червячок,
　И медведица!

Всех излечит, исцелит
Добрый доктор Айболит!

2

И пришла к Айболиту лиса:
«Ой, меня укусила оса!»
И пришёл к Айболиту барбос:
«Меня курица клюнула в нос!»

И прибежала зайчиха
И закричала: «Ай, ай!
Мой зайчик попал под трамвай!
Мой зайчик, мой мальчик
Попал под трамвай!
Он бежал по дорожке,
И ему перерезало ножки,
И теперь он больной и хромой,
Маленький заинька мой!»

И сказал Айболит: «Не беда!
Подавай-ка его сюда!
Я пришью ему новые ножки,
Он опять побежит по дорожке».

И принесли к нему зайку,
Такого больного, хромого,
И доктор пришил ему ножки,
И заинька прыгает снова.
А с ним и зайчиха-мать
Тоже пошла танцевать.
И смеётся она, и кричит:
«Ну, спасибо тебе, Айболит!»

Вдруг откуда-то шакал
На кобыле прискакал:
«Вот вам телеграмма
От Гиппопотама!»

«Приезжайте, доктор,
В Африку скорей
И спасите, доктор,
Наших малышей!»

«Что такое? Неужели
Ваши дети заболели?»

«Да-да-да! У них ангина,
Скарлатина, холерина,
Дифтерит, аппендицит,
Малярия и бронхит!

Приходите же скорее,
Добрый доктор Айболит!»

«Ладно, ладно, побегу,
Вашим детям помогу.
Только где же вы живёте?
На горе или в болоте?»

«Мы живём на Занзибаре,
В Калахари и Сахаре,
На горе Фернандо-По,
Где гуляет Гиппо-по
По широкой Лимпопо».

И встал Айболит, побежал Айболит.
По полям, по лесам, по лугам он бежит.
И одно только слово твердит Айболит:
«Лимпопо́, Лимпопо́, Лимпопо́!»

А в лицо ему ветер, и снег, и град:
«Эй, Айболит, воротися назад!»
И упал Айболит, и лежит на снегу:
«Я дальше идти не могу».

И сейчас же к нему из-за ёлки
Выбегают мохнатые волки:
«Садись, Айболит, верхом,
Мы живо тебя довезём!»

И вперёд поскакал Айболит
И одно только слово твердит:
«Лимпопо́, Лимпопо́, Лимпопо́!»

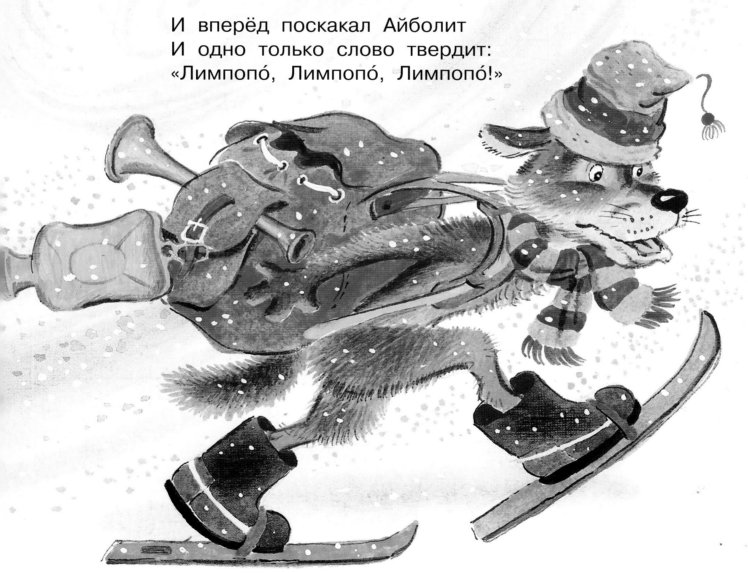

Но вот перед ними море —
Бушует, шумит на просторе.
А в море высокая ходит волна,
Сейчас Айболита проглотит она.

«О, если я утону,
Если пойду я ко дну,
Что станется с ними, с больными,
С моими зверями лесными?»

Но тут выплывает кит:
«Садись на меня, Айболит,
И, как большой пароход,
Тебя повезу я вперёд!»

И сел на кита Айболит
И одно только слово твердит:
«Лимпопо́, Лимпопо́, Лимпопо́!»

И горы встают перед ним на пути,
И он по горам начинает ползти,
А горы всё выше, а горы всё круче,
А горы уходят под самые тучи!

«О, если я не дойду,
Если в пути пропаду,
Что станется с ними, с больными,
С моими зверями лесными?»

И сейчас же с высокой скалы
К Айболиту слетели орлы:
«Садись, Айболит, верхом,
Мы живо тебя довезём!»

И сел на орла Айболит
И одно только слово твердит:
«Лимпопо́, Лимпопо́, Лимпопо́!»

7

А в Африке,
А в Африке,
На чёрной
Лимпопо́,
Сидит и плачет
В Африке
Печальный Гиппо-по́.

Он в Африке, он в Африке
Под пальмою сидит
И на́ море из Африки
Без отдыха глядит:
Не едет ли в кораблике
Доктор Айболит?

И рыщут по дороге
Слоны и носороги,
И говорят сердито:
«Что ж нету Айболита?»

А рядом бегемотики
Схватились за животики:
У них, у бегемотиков,
Животики болят.

И тут же страусята
Визжат, как поросята.
Ах, жалко, жалко, жалко
Бедных страусят!

И корь, и дифтерит у них,
И оспа, и бронхит у них,
И голова болит у них,
И горлышко болит.

Они лежат и бредят:
«Ну что же он не едет,
Ну что же он не едет,
Доктор Айболит?»

А рядом прикорнула
Зубастая акула,
Зубастая акула
На солнышке лежит.

Ах, у её малюток,
У бедных акулят,
Уже двенадцать суток
Зубки болят!

И вывихнуто плечико
У бедного кузнечика;
Не прыгает, не скачет он,
А горько-горько плачет он
И доктора зовёт:
«О, где же добрый доктор?
Когда же он придёт?»

Но вот, поглядите, какая-то птица
Всё ближе и ближе по воздуху мчится.
На птице, глядите, сидит Айболит,
И шляпою машет, и громко кричит:
«Да здравствует милая Африка!»

И рада и счастлива вся детвора:
«Приехал, приехал! Ура! Ура!»

А птица над ними кружи́тся,
А птица на землю садится.
И бежит Айболит к бегемотикам,
И хлопает их по животикам,
И всем по порядку
Даёт шоколадку,
И ставит и ставит им градусники!

И к полосатым
Бежит он тигрятам,
И к бедным горбатым
Больным верблюжатам,
И каждого гоголем,
Каждого моголем,
Гоголем-моголем,
Гоголем-моголем,
Гоголем-моголем потчует.

Десять ночей Айболит
Не ест, не пьёт и не спит,
Десять ночей подряд
Он лечит несчастных зверят
И ставит и ставит им градусники.

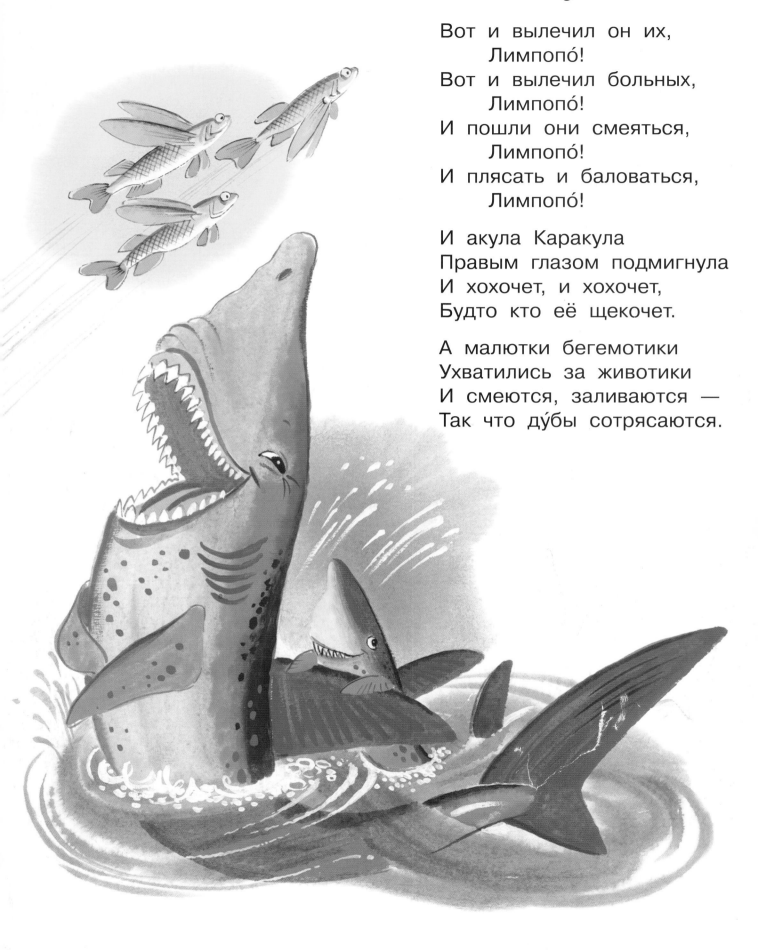

Вот и вылечил он их,
  Лимпопо́!
Вот и вылечил больных,
  Лимпопо́!
И пошли они смеяться,
  Лимпопо́!
И плясать и баловаться,
  Лимпопо́!

И акула Каракула
Правым глазом подмигнула
И хохочет, и хохочет,
Будто кто её щекочет.

А малютки бегемотики
Ухватились за животики
И смеются, заливаются —
Так что ду́бы сотрясаются.

Вот и Гиппо, вот и По́по,
Гиппо-по́по, Гиппо-по́по!
Вот идёт Гиппопотам.
Он идёт от Занзибара,
Он идёт к Килиманджаро —
И кричит он, и поёт он:
«Слава, слава Айболиту!
Слава добрым докторам!»

БАРМАЛЕЙ

Часть первая

Маленькие дети!
Ни за что на свете
Не ходите в Африку,
В Африку гулять!
В Африке акулы,
В Африке гориллы,
В Африке большие
Злые крокодилы
Будут вас кусать,
Бить и обижать, —
Не ходите, дети,
В Африку гулять.

В Африке разбойник,
В Африке злодей,
В Африке ужасный
  Бар-ма-лей!

Он бегает по Африке
И кушает детей —
Гадкий, нехороший, жадный Бармалей!

И папочка и мамочка
Под деревом сидят,
И папочка и мамочка
Детям говорят:

«Африка ужасна,
Да-да-да!
Африка опасна,
Да-да-да!
Не ходите в Африку,
Дети, никогда!»

Но папочка и мамочка уснули вечерком,
А Танечка и Ванечка — в Африку бегом, —
В Африку!
В Африку!

Вдоль по Африке гуляют,
Фиги-финики срывают, —
Ну и Африка!
Вот так Африка!

Оседлали носорога,
Покаталися немного, —
Ну и Африка!
Вот так Африка!

Со слонами на ходу
Поиграли в чехарду, —
      Ну и Африка!
      Вот так Африка!

Выходила к ним горилла,
Им горилла говорила,
Говорила им горилла,
      Приговаривала:

«Вон акула Каракула
Распахнула злую пасть.
Вы к акуле Каракуле
Не хотите ли попасть
      Прямо в па-асть?»

«Нам акула Каракула
      Нипочём, нипочём,
Мы акулу Каракулу
      Кирпичом, кирпичом,

Мы акулу Каракулу
    Кулаком, кулаком!
Мы акулу Каракулу
    Каблуком, каблуком!»

Испугалася акула
И со страху утонула, —
Поделом тебе, акула, поделом!

Но вот по болотам огромный
    Идёт и ревёт бегемот,
Он идёт, он идёт по болотам
    И громко и грозно ревёт.

А Таня и Ваня хохочут,
Бегемотово брюхо щекочут:
        «Ну и брюхо,
        Что за брюхо —
        Замечательное!»

Не стерпел такой обиды
        Бегемот,
Убежал за пирамиды
        И ревёт,
Бармалея, Бармалея
Громким голосом
        Зовёт:

«Бармалей, Бармалей, Бармалей!
Выходи, Бармалей, поскорей!
Этих гадких детей, Бармалей,
Не жалей, Бармалей, не жалей!»

Часть вторая

Таня-Ваня задрожали —
Бармалея увидали.
Он по Африке идёт,
На всю Африку поёт:

«Я кровожадный,
Я беспощадный,
Я злой разбойник Бармалей!
И мне не надо
Ни мармелада,
Ни шоколада,
А только маленьких
(Да, очень маленьких!)
            Детей!»

Он страшными глазами сверкает,
Он страшными зубами стучит,
Он страшный костёр зажигает,
Он страшное слово кричит:
        «Карабас! Карабас!
        Пообедаю сейчас!»

Дети плачут и рыдают,
Бармалея умоляют:

«Милый, милый Бармалей,
Смилуйся над нами,
Отпусти нас поскорей
К нашей милой маме!

Мы от мамы убегать
Никогда не будем
И по Африке гулять
Навсегда забудем!

Милый, милый людоед,
Смилуйся над нами,
Мы дадим тебе конфет,
Чаю с сухарями!»

Но ответил людоед:
        «Не-е-ет!!!»

И сказала Таня Ване:
«Посмотри, в аэроплане
Кто-то пó небу летит.
Это доктор, это доктор,
Добрый доктор Айболит!»

Добрый доктор Айболит
К Тане-Ване подбегает,
Таню-Ваню обнимает
И злодею Бармалею,
Улыбаясь, говорит:

«Ну, пожалуйста, мой милый,
Мой любезный Бармалей,
Развяжите, отпустите
Этих маленьких детей!»

Но злодей Айболита хватает
И в костёр Айболита бросает.
И горит, и кричит Айболит:
«Ай, болит! Ай, болит! Ай, болит!»

А бедные дети под пальмой лежат,
    На Бармалея глядят
И плачут, и плачут, и плачут!

Часть третья

Но вот из-за Нила
Горилла идёт,
Горилла идёт,
Крокодила ведёт!

Добрый доктор Айболит
Крокодилу говорит:

«Ну, пожалуйста, скорее
Проглотите Бармалея,
Чтобы жадный Бармалей
    Не хватал бы,
    Не глотал бы
Этих маленьких детей!»

    Повернулся,
    Улыбнулся,
    Засмеялся
    Крокодил
    И злодея
    Бармалея,
    Словно муху,
    Проглотил!

Рада, рада, рада, рада детвора,
Заплясала, заиграла у костра:
  «Ты нас,
  Ты нас
  От смерти спас,
  Ты нас освободил.
  Ты в добрый час
  Увидел нас,
  О добрый
  Крокодил!»

Но в животе у Крокодила
Темно, и тесно, и уныло,
И в животе у Крокодила
Рыдает, плачет Бармалей:
  «О, я буду добрей,
  Полюблю я детей!
  Не губите меня!
  Пощадите меня!
О, я буду, я буду, я буду добрей!»

Пожалели дети Бармалея,
Крокодилу дети говорят:
«Если он и вправду сделался добрее,
Отпусти его, пожалуйста, назад!
Мы возьмём с собою Бармалея,
Увезём в далёкий Ленинград!»

Крокодил головою кивает,
Широкую пасть разевает, —
И оттуда, улыбаясь, вылетает Бармалей,
А лицо у Бармалея и добрее и милей:
      «Как я рад, как я рад,
      Что поеду в Ленинград!»

Пляшет, пляшет Бармалей, Бармалей!
«Буду, буду я добрей, да, добрей!
Напеку я для детей, для детей
Пирогов и кренделей, кренделей!
По базарам, по базарам буду, буду я гулять!
Буду даром, буду даром пироги я раздавать,
Кренделями, калачами ребятишек угощать.

А для Ванечки
И для Танечки
Будут, будут у меня
Мятны прянички!
Пряник мятный,
Ароматный,
Удивительно приятный,
Приходите, получите,
Ни копейки не платите,

Потому что Бармалей
Любит маленьких детей,
Любит, любит, любит, любит,
Любит маленьких детей!»

ФЕДОРИНО ГОРЕ

1

Скачет сито по полям,
А корыто по лугам.

За лопатою метла
Вдоль по улице пошла.

Топоры-то, топоры
Так и сыплются с горы.

Испугалася коза,
Растопырила глаза:

«Что такое? Почему?
Ничего я не пойму».

2

Но, как чёрная железная нога,
Побежала, поскакала кочерга.

И помчалися по улице ножи:
«Эй, держи, держи, держи, держи, держи!»

И кастрюля на бегу
Закричала утюгу:
«Я бегу, бегу, бегу,
Удержаться не могу!»

Вот и чайник за кофейником бежит,
Тараторит, тараторит, дребезжит...

Утюги бегут, покрякивают,
Через лужи, через лужи перескакивают.

А за ними блюдца, блюдца —
Дзынь-ля-ля! Дзынь-ля-ля!
Вдоль по улице несутся —
Дзынь-ля-ля! Дзынь-ля-ля!

На стаканы — дзынь! — натыкаются,
И стаканы — дзынь! — разбиваются.

И бежит, бренчит, стучит сковорода:
«Вы куда? куда? куда? куда? куда?»

А за нею вилки,
Рюмки да бутылки,
Чашки да ложки
Скачут по дорожке.

Из окошка вывалился стол
И пошёл, пошёл, пошёл, пошёл, пошёл...

А на нём, а на нём,
Как на лошади верхом,

Самоварище сидит
И товарищам кричит:
«Уходите, бегите, спасайтеся!»

И в железную трубу:
«Бу-бу-бу! Бу-бу-бу!»

3

А за ними вдоль забора
Скачет бабушка Федора:
«Ой-ой-ой! Ой-ой-ой!
Воротитеся домой!»

Но ответило корыто:
«На Федору я сердито!»
И сказала кочерга:
«Я Федоре не слуга!»

А фарфоровые блюдца
Над Федорою смеются:
«Никогда мы, никогда
Не воротимся сюда!»

Тут Федорины коты
Расфуфырили хвосты,
Побежали во всю прыть,
Чтоб посуду воротить:

«Эй вы, глупые тарелки,
Что вы скачете, как белки?
Вам ли бегать за воротами
С воробьями желторотыми?
Вы в канаву упадёте,
Вы утонете в болоте.
Не ходите, погодите,
Воротитеся домой!»

Но тарелки вьются-вьются,
А Федоре не даются:
«Лучше в поле пропадём,
А к Федоре не пойдём!»

Мимо курица бежала
И посуду увидала:
«Куд-куда! Куд-куда!
Вы откуда и куда?!»

И ответила посуда:
«Было нам у бабы худо,
Не любила нас она,
Била, била нас она,
Запылила, закоптила,
Загубила нас она!»

«Ко-ко-ко! Ко-ко-ко!
Жить вам было нелегко!»

«Да, — промолвил медный таз, —
Погляди-ка ты на нас:

Мы поломаны, побиты,
Мы помоями облиты.
Загляни-ка ты в кадушку
И увидишь там лягушку.
Загляни-ка ты в ушат —
Тараканы там кишат.
Оттого-то мы от бабы
Убежали, как от жабы,
И гуляем по полям,
По болотам, по лугам,
А к неряхе-замарахе
Не воротимся!»

5

И они побежали лесочком,
Поскакали по пням и по кочкам.
А бедная баба одна,
И плачет, и плачет она.
Села бы баба за стол,
Да стол за ворота ушёл.
Сварила бы баба щи,
Да кастрюлю поди поищи!
И чашки ушли, и стаканы,
Остались одни тараканы.
Ой, горе Федоре,
Горе!

6

А посуда вперёд и вперёд
По полям, по болотам идёт.

И чайник шепнул утюгу:
«Я дальше идти не могу».

И заплакали блюдца:
«Не лучше ль вернуться?»

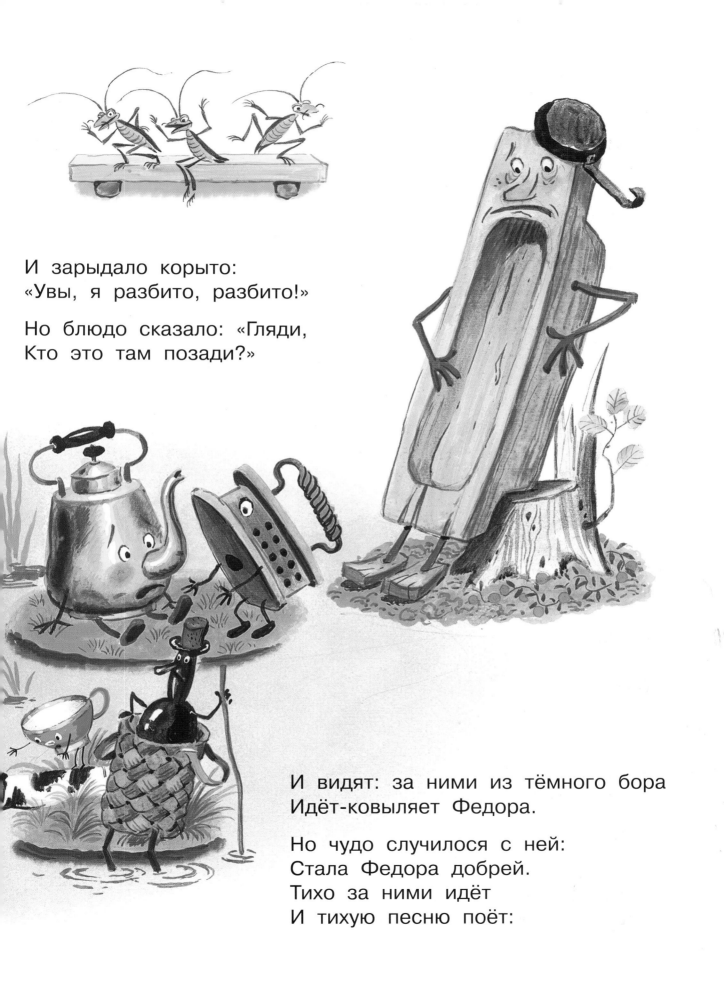

И зарыдало корыто:
«Увы, я разбито, разбито!»

Но блюдо сказало: «Гляди,
Кто это там позади?»

И видят: за ними из тёмного бора
Идёт-ковыляет Федора.

Но чудо случилося с ней:
Стала Федора добрей.
Тихо за ними идёт
И тихую песню поёт:

«Ой вы, бедные сиротки мои,
Утюги и сковородки мои!
Вы подите-ка, немытые, домой,
Я водою вас умою ключевой.
Я почищу вас песочком,
Окачу вас кипяточком,
И вы будете опять,
Словно солнышко, сиять,
А поганых тараканов я повыведу,
Прусаков и пауков я повымету!»

И сказала скалка:
«Мне Федору жалко».

И сказала чашка:
«Ах, она бедняжка!»

И сказали блюдца:
«Надо бы вернуться!»

И сказали утюги:
«Мы Федоре не враги!»

7

Долго, долго целовала
И ласкала их она,
Поливала, умывала,
Полоскала их она.

«Уж не буду, уж не буду
Я посуду обижать,
Буду, буду я посуду
И любить, и уважать!»

Засмеялися кастрюли,
Самовару подмигнули:
«Ну, Федора, так и быть,
Рады мы тебя простить!»

Полетели,
Зазвенели
Да к Федоре прямо в печь!
Стали жарить, стали печь, —
Будут, будут у Федоры и блины,
и пироги!

А метла-то, а метла — весела —
Заплясала, заиграла, замела,
Ни пылинки у Федоры не оставила.

И обрадовались блюдца:
Дзынь-ля-ля! Дзынь-ля-ля!
И танцуют, и смеются —
Дзынь-ля-ля! Дзынь-ля-ля!

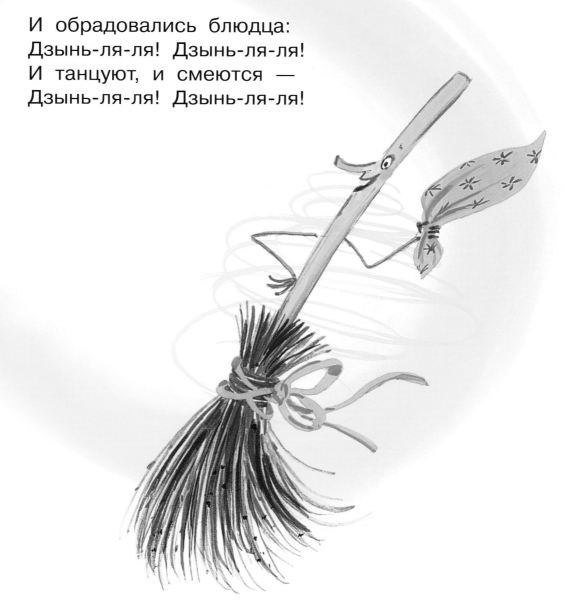

А на белой табуреточке
Да на вышитой салфеточке
    Самовар стоит,
    Словно жар горит,
И пыхтит, и на бабу поглядывает:
    «Я Федорушку прощаю,
    Сладким чаем угощаю.
Кушай, кушай, Федора Егоровна!»

ПУТАНИЦА

Замяукали котята:
«Надоело нам мяукать!
Мы хотим, как поросята,
    Хрюкать!»

А за ними и утята:
«Не желаем больше крякать!
Мы хотим, как лягушата,
    Квакать!»

Свинки замяукали:
    Мяу, мяу!

Кошечки захрюкали:
    Хрю, хрю, хрю!

Уточки заквакали:
    Ква, ква, ква!

Курочки закрякали:
    Кря, кря, кря!

Воробышек прискакал
И коровой замычал:
    Му-у-у!

Прибежал медведь
И давай реветь:
      Ку-ка-ре-ку!

И кукушка на суку:
«Не хочу кричать куку,
Я собакою залаю:
      Гав, гав, гав!»

Только заинька
Был паинька:
Не мяукал
И не хрюкал —
Под капустою лежал,
По-заячьи лопотал
И зверюшек неразумных
Уговаривал:

«Кому велено чирикать —
Не мурлыкайте!
Кому велено мурлыкать —
Не чирикайте!
Не бывать вороне коровою,
Не летать лягушатам под облаком!»

103

Но весёлые зверята —
Поросята, медвежата —
Пуще прежнего шалят,
Зайца слушать не хотят.

Рыбы по́ полю гуляют,
Жабы по́ небу летают,

Мыши кошку изловили,
В мышеловку посадили.

А лисички
Взяли спички,
К морю синему пошли,
Море синее зажгли.

Море пламенем горит,
Выбежал из моря кит:
«Эй, пожарные, бегите!
Помогите, помогите!»

Долго, долго крокодил
Море синее тушил
Пирогами, и блинами,
И сушёными грибами.

Прибегали два курчонка,
Поливали из бочонка.

Приплывали два ерша,
Поливали из ковша.

Прибегали лягушата,
Поливали из ушата.

Тушат, тушат — не потушат,
Заливают — не зальют.

Тут бабочка прилетала,
Крылышками помахала,
Стало море потухать —
И потухло.

Вот обрадовались звери!
Засмеялись и запели,
Ушками захлопали,
Ножками затопали.

Гуси начали опять
По-гусиному кричать:
Га-га-га!

Кошки замурлыкали:
Мур-мур-мур!

Птицы зачирикали:
Чик-чирик!

Лошади заржали:
И-и-и!

Мухи зажужжали:
Ж-ж-ж!

Лягушата квакают:
Ква-ква-ква!

А утята крякают:
Кря-кря-кря!

Поросята хрюкают:
Хрю-хрю-хрю!

Мурочку баюкают
Милую мою:
Баюшки-баю!
Баюшки-баю!

СОДЕРЖАНИЕ

УДК 821.161.1-1-053.2
ББК 84(2Рос=Рус)6-5
Ч-88

Серия «Мировая классика для детей»
Литературно-художественное издание
Для дошкольного возраста

Корней Иванович Чуковский
СКАЗКИ В СТИХАХ
Художники С. Бордюг и Н. Трепенок

Дизайн обложки *Н. Сушковой*
Редактор *Г. Коненкина.* Художественный редактор *О. Ведерников*
Технический редактор *Т. Тимошина.* Корректор *И. Мокина*
Компьютерная вёрстка *Н. Сидорской*

Общероссийский классификатор продукции
ОК-005-93, том 2; 953000 — книги, брошюры
Подписано в печать 30.12.2016. Формат 60×84$^1/_8$
Усл. печ. л. 14,0. Доп. тираж 3 000 экз. Заказ № 161

ООО «Издательство АСТ»
129085, г. Москва, Звёздный бульвар, д. 21, стр. 3, ком. 5
Наш электронный адрес: malysh@ast.ru. Home page: www.ast.ru
Мы в социальных сетях. Присоединяйтесь!
https://www.facebook.com/IzdatelstvoMalysh, https://www.facebook.com/avantabooks
http://vk.com/izdatelstvo_malysh, http://vk.com/avanta_books
https://instagram.com/malysh_books

«Баспа Аста» деген ООО
129085, г. Мәскеу, жұлдызды гүлзар, д. 21, 3 құрылым, 5 бөлме
Біздің электрондық мекенжайымыз: www.ast.ru. E-mail: malysh@ast.ru
Қазақстан Республикасында дистрибьютор және өнім бойынша арыз-талаптарды қабылдаушының
өкілі «РДЦ-Алматы» ЖШС, Алматы қ., Домбровский көш., 3«а», литер Б, офис 1.
Тел.: 8 (727) 251-59-89, 90, 91, 92, факс: 8 (727) 251-58-12 вн. 107;
E-mail: RDC-Almaty@eksmo.kz
Өнімнің жарамдылық мерзімі шектелмеген
Өндірген мемлекет: Ресей. Сертификация қарастырылған

Отпечатано с электронных носителей издательства.
ОАО "Тверской полиграфический комбинат". 170024, г. Тверь, пр-т Ленина, 5.
Телефон: (4822) 44-52-03, 44-50-34, Телефон/факс: (4822)44-42-15
Home page - www.tverpk.ru Электронная почта (E-mail) - sales@tverpk.ru

Чуковский, Корней Иванович.
Ч-88   Сказки в стихах / К. Чуковский; худож. С. Бордюг, Н. Трепе-
нок. — Москва : Издательство АСТ, 2017. — 103, [9] с.: ил. —
(Мировая классика для детей).

ISBN 978-5-17-085476-9.

Первую сказку в стихах К.И. Чуковский написал для своих детей. А потом
стали появляться новые и новые сказки. Их ждали уже все малыши. А потом
эти чудесные сказки стали читать малыши во всем мире.
Книга «Сказки в стихах» — это любимые сказки детей про Муху-Цокоту-
ху, Мойдодыра, про доброго доктора Айболита, про Федорино горе... с иллю-
страциями известных художников С. Бордюга и Н. Трепенок.
Для дошкольного возраста.

УДК 821.161.1-1-053.2
ББК 84(2Рос=Рус)6-5

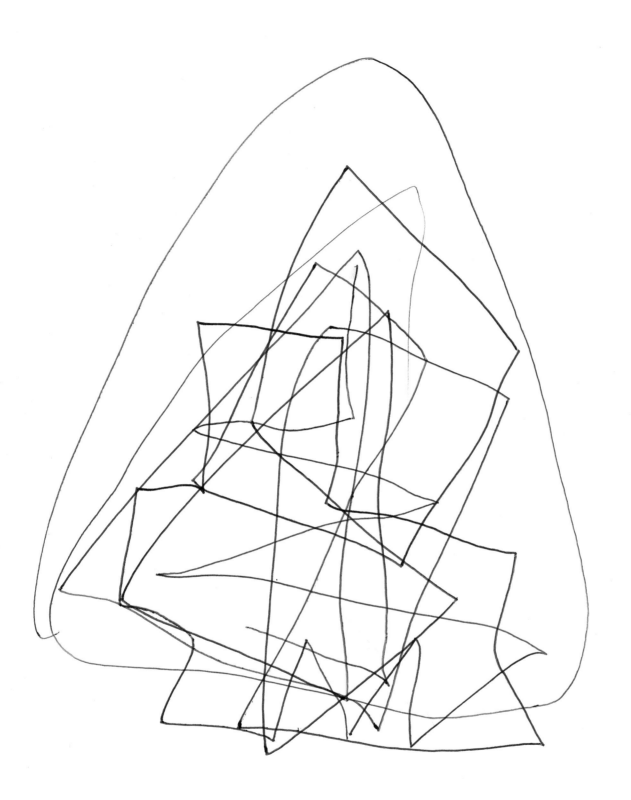